Jugando

hija

algo para este niño

y me respontió.

"Feliz Cumpleaños
para la persona
que lo tenga"

Dios lo tara
una gran
sorpresa.

Kathryn Pupo
y
Alain Pupo.

Frases del Espíritu

Alain Pupo

Frases del Espíritu

Por

Alain Pupo

Primera edición impresa,
2016

Edición y composición interior: Alain Pupo.

Diseño de portada y contraportada: Alain Pupo.

Para información o sobre como adquirir el libro:

Webs: www.alainpupo.com

www.facebook.com/alainpupo

Frases del Espíritu

www.twitter.com/alainpupo

www.instagram/alainpupo

ISBN-13: 978-1530836116
ISBN-10: 1530836115

Frases del Espíritu

Este libro no es más que un sinnúmero de frases que han marcado mi vida a lo largo de ella, porque en cada una de encontré un mensaje muy grande para este transitar por la vida y también una gran enseñanza.

Estas frases son de un gran contenido motivacional y espiritual que los ayudará a entender el verdadero significado de nuestro vivir.

DIOS tiene una manera singular de dejarnos saber cuál es su plan y casi siempre es a través de señales como olores, sabores, visiones, encuentros casuales, comentarios, o sea, un

sinnúmeros de sucesos que si
les prestamos atención, nos
ayudarán a encontrar un
significado a algo que estamos
esperando y es por eso que
considero estas frases como
mensajeras del camino.

Alain Pupo

AGRADECIMIENTOS

En primer lugar y como siempre de rodillas a nuestro creador, a ese 'DIOS' que no nos abandona nunca y siempre encuentra la mejor forma de comunicarse con nosotros y esta ves será mediante frases.

En Segundo lugar ya ustedes saben a quien, a mi viejita bella a la que siempre está conmigo, a mi abuela Aida Pupo.

A mis abuelos maternos por darme de comer y ocupar un lugar muy especial en mi vida en el peor de los momentos.

Frases del Espíritu

En cuarto lugar y sin duda alguna a mi esposa Nora Pupo y mis tres hijas Kathryn, Amanda y Victoria que sin saber como lo hacen, llenan de vida mi vivir.

A mi madre Martha, mi padre Pablo, mis hermanos y demás familiares.

A mis amigos, que siempre están conmigo y me ofrecen su apoyo incondicional.

A todos esos seres de luz que ya no están físicamente pero que desde esa otra dimensión nos ayudan a vivir el día a día.

A mi amigo, asistente principal y hombre de confianza Ernie Pérez por siempre cuidarme y estar al tanto de mi protección.

Alain Pupo

A mi amiga y arreglista Yamna Fernández por su ayuda con este mi cuarto libro.

A mi madre Martha Díaz por dármelo todo sin jamás pedir nada a cambio.

A ustedes mis lectores que me siguen siempre y me demuestran su gran cariño día a día.

A mi perrita Puchita por recibirme cada día con tanto amor y nunca darme ninguna muestra de rencor o de odio.

En fin le doy gracias a la vida por dejarme vivirla y a la muerte por parame frente a DIOS.

SIN MAS Y ESTANDO MUY SEGURO QUE LES LLEGARE AL CORAZÓN A TODOS MIS LECTORES CON ESTAS FRASES TAN DIRECTAS Y REALES, DE LA MISMA MANERA QUE ELLAS LLEGARON AL MÍO.

ALAIN PUPO.

Pido a 'DIOS' en este momento por ti que estas leyendo este libro:

Padre...Pido que ilumines, protejas y bendigas a mis hijas, a mi esposa , mi madre, mi padre, mis hermanos y mis demás familiares.

Pido también por mis amigos y por todas las personas buenas de este mundo.

Te pido que le des la respuesta que están esperando a cada ser humano que tenga este libro en sus manos.

*"Debemos tener la gran FE
de que si llamamos a DIOS,
él responderá"*

"No vivas la vida pensando en el que dirán otros a tus espaldas; si lo hacen, es porque sólo desde allá atrás te pueden mirar"

"Los sueños que DIOS pone en lo más hondo de nuestros corazones, deben conservarse en él"

"DIOS siempre sabe que pasará, y cuando tú te encuentres con el problema, ya él tiene la solución."

"Casi siempre sufrimos más por lo que suponemos, que por lo que realmente sucede."

Alain Pupo

"Ser un buen padre es honrar la presencia de DIOS"

"Dejarle saber a los demás el valor que tienen, es la mejor manera de que ellos vean el tuyo"

"Dios pone los mensajes en tu corazón, porque tú eres su mensajero, y tus corazonadas son sus mensajes"

"Si las personas supieran donde se esconde su ángel de la guarda"

"Se esconde tras la caricia de una madre, o en el te amo de un hijo, en el consejo de una abuela, o en el simple abrazo de un amigo y porque no decirlo, se esconde también en la sonrisa de una mujer"

"DIOS pondrá en tu vida todo lo necesario para vivirla"

"DIOS quiere que seamos felices, él quiere que le mostremos que nos gusta disfrutar de las riquezas que tenemos. No tengas miedo, él quiere que tú seas feliz"

"Tú eres hijo legitimo de DIOS y él quiere verte reír"

"DIOS te ama porque tú eres parte de él" ¡AMEN¡

Alain Pupo

"Préstale atención a tu primer instinto, él te puede llevar por el rumbo perfecto".

"No importa los años que tengan tus hijos, hazles saber todo el tiempo lo importante que son para ti"

"Gracias a DIOS por lo que me da, pero también gracias por lo que me quita."

"DIOS es un maestro que sabe siempre como darnos la mejor lección"

*"Convierte las cosas
negativas en positivas y las
positivas en inolvidables"*

Frases del Espíritu

"¡Escucha en tu interior lo que DIOS te está diciendo!"

"Somos capaces de construir o destruir con una expresión, un gesto o una sola palabra."

"DIOS es nuestro Padre, y tenerle una fe ciega, te abrirá los ojos."

"A veces las derrotas que enfrentamos, solo nos están preparando para una gran victoria."

"Decir: ¡Sí se puede!, es la mejor manera de demostrarle a Dios la FE que le tienes a su poder"

*"Vivir con la seguridad de
que todo lo material morirá
te hará eterno"*

*"Nadie ha de llegar a donde
no tuvo el valor de caminar"*

Alain Pupo

"No seas parte del fracaso, mejor entrégate por completo a la lucha por tu victoria"

"Todo lo que uno hace en la vida tiene consecuencia. Enseñar al soldado lo convertirá en sargento, el que da, recibe. No dejes que nadie te diga lo que tienes que hacer, sé tu propio camino y anda con tus propios pies."

"Cuidado con lo que dices porque si te escucharas sabrías que te equivocaste".

"Nunca permitas que nadie te maltrate, tú tienes a DIOS viviendo dentro de ti"

Alain Pupo

"La supuesta infidelidad a veces es la fidelidad más grande hacia tu felicidad"

"Cuando entiendas que el amor es la gran razón de vivir, amarás hasta la muerte"

"La mujer que hoy duerme contigo, está esperando que la ames con locura".
"La comunicación con tu pareja, será siempre tu mejor aliado para lograr la verdadera armonía en la relación."

"Convierte tu debilidad en tu fuerza si eres tartamudo canta, si eres ciego escucha, si eres sordo mira, si eres mudo sonríe, si eres cojo baila, pero sobre todo sal del miedo que te invade pues este solo te llevara por donde no podrás triunfar"

"Cada ser humano tiene su propio encanto, y descubrirlo no le costará mucho si lo busca en su interior."

*"Si se han dado cuenta
el sol la lluvia el viento ,
todos cumplen la misma
tarea; para el roble más alto
o para la yerba más
pequeña".*

Alain Pupo

"Le pregunté un día a mi abuela dónde estaba DIOS, y me respondió sin demora que en ese momento, hablaba con ella".
¡Era yo! todos somos DIOS, el mora en cada uno de nosotros.

"El amor es un sentir que te hace caminar en la locura, es un deseo que te hace perseguir un beso y también es un veneno que te hace no buscar el antídoto."

"El dinero es bueno y su espíritu también, lo malo es lo que a veces hacemos los humanos una vez que recibimos su bendición."

"Quien viva valientemente tendrá la oportunidad de decidir cómo quiere regresar".

"La persona que hoy te hace feliz, no es el amor de tu vida, es más bien aquella que le dio vida al amor que llevabas por dentro"

"Hacer en esta vida lo que no te hace feliz, es ser un traidor a tu existencia"

"De los cobardes no se ha escrito nada, al menos que alguien quiera leer."

"El perro que entierra un hueso casi nunca regresa por él, lo hace para olvidarlo y poder echarse a correr."

Alain Pupo

"No importa cuántas piedras encuentres en el camino, perderás tu tiempo si siempre te agachas a recogerlas, mejor será que aprendas a caminar entre ellas."

"Nada hará más feliz a DIOS, que verte a ti siendo feliz."

"Las cosas más importantes en la vida no tienen precio, y si lo tuvieran, no fueran las más importantes."

"Si me preguntaran sobre la primera razón por la que yo daría gracias a Dios, respondería sin dudar: ¡Gracias Padre mío por haber elegido ser mi DIOS!

"No pierdas ni un minuto siendo infiel a tu instinto ya que él es la manera más rápida que encontró DIOS para comunicarte sus planes."
"Serle fiel a tu vida es esperar todo de ella."

"Si buscan la riqueza afuera de ustedes mismos, morirán muy pobres"

Alain Pupo

"No dejes nunca que nadie te diga lo que tienes que hacer, la felicidad esta en no saberlo"

"El triunfo esta en vencer el aburrimiento, y la derrota en acompañarlo"

*"Vivir con la seguridad de
que todo lo material morirá,
te ara eterno"*

"Cuando entiendas que el amor es la razón de vivir , amaras hasta la muerte"

"Pues para esto fuiste llamado, porque también Cristo padeció por nosotros, dejándonos su ejemplo para que sigas sus pisadas".

"Nadie a de llegar a donde no tubo el valor de caminar"

Alain Pupo

"DIOS hizo de mi un instrumento de su paz"

"El sol no discrimina, nos brinda sus rallos con la misma intensidad a todos"

"Para los valientes mis respeto y para los cobardes mi agradecimiento.

"No seas parte del fracaso , mejor entrégate por completo a la victoria"

"Instruye al niño en su camino y aun cuando seas viejo no se apartara de ti".

"Todo lo que uno hace en la vida tiene consecuencia , enseñar al soldado lo convertirá en sargento, el que da recibe, no dejes que nadie te diga lo que tienes que hacer , se tu propio camino y anda con tus propios pies"

Alain Pupo

"Sean libres como las aves , que luchan por llegar lejos, sin preocuparse si dejan huellas en el aire".

"Cuidado con lo que dices , porque si te escucharas , sabrías que te equivocaste"

"Nunca permitas que nadie te maltrate, tu tienes a DIOS viviendo adentro de ti"

"El hombre acaricia al caballo , con la única intención de montarlo"

"Solo los que estén dispuestos a perderlo todo , recibirán la noticia de que han ganado".

"Construye espadas de tus azadones, lanzas de tus rastrillos; diga al débil fuerte soy".

"Convierte tu debilidad en tu fuerza, si eres tartamudo canta y si tienes falta de ortografía escribe libros, sal del miedo pues este solo te llevara por donde no podrás triunfar"

"Tu ángel guardián esta planificando tu futuro y yo quiero que se quede en el presente, ya que es muy cierto que en el presente pasaras el resto de tu vida"

Alain Pupo

"El camino tiene piedras , unas las puso la misma vida , otras personas que desean no llegues a ningún lugar, pero perderás tu tiempo si te enfrascas en quitarlas , es mucho mejor que sigas tu camino , aprendiendo a caminar entre ellas".

"Tu no eres un accidente, tu eres un plan de DIOS"

"Y toda la gente quiere tocarte, porque el poder sale de ti, porque si te lo propones podrás ayudar a sanar a todos".

"Debes en este momento comenzar a pensar en positivo, ya que DIOS te a elegido para que seas su mensajero , tienes que saber que el poder esta adentro de ti y lo que pienses con FE se te será concedido, por lo tanto pido que tu luz sirva para iluminar a los demás y tu gracia para ayudar a todos"

"He de tenerle mucho miedo al hombre que no se toma un trago , y aun mucho mas , si lo tomo y ahora se arrepiente".

"No seré tan bueno como el mejor, pero te aseguro que soy mejor que muchos buenos".

*"Cada ser humano
tiene su propio encanto , y
descubrirlo ,no le costara
mucho si lo busca en su
interior"*

"Todos somos hijos del mismo padre, por lo tanto todos somos familia"

Alain Pupo

"No crean en las banderas ellas solo tratan de separarnos"

"Todos somos ciudadanos de este planeta llamado tierra, por lo tanto creerse diferentes es seguir una doctrina creada por los hombres"

"Si se han dado cuenta el sol , la lluvia , el viento , todos cumplen la misma tarea; para el roble mas alto que para la yerba mas pequeña".

*En esta hoja justo en el medio
de este libro, quiero que
escribas tu nombre de
nacimiento completo.*

Yo_____

_____

_____ .

*Te prometo padre mío
celestial que seré un buen ser
humano y que nunca tendrás
que sufrir por haberme creado.*

*También te pido que
pongas tu voluntad sobre mi
existencia y que perdones todos
mis pecados.*

Alain Pupo

*Te amo y te amare por
toda la eternidad........"AMEN"*

"Se lucha para ganar
Se gana para
demostrar
Se demuestra para
presumir
Se presume para
sobresalir
Se sobresale para vivir
Se vive para amar
Se ama para morir
Y se muere para vivir y
volver a empezar"

"Le pregunte un día a mi abuela que donde estaba DIOS , y me respondió que en este momento , hablaba con ella".

¡Era yo! y eso solo significa que todos somos 'DIOS'

"Quien viva valientemente tendrá la oportunidad de decidir como quiere regresar".

"A la hora de tu partida nada se ira contigo, y de suceder estarás en un gran problema problema , porque como le justificas a DIOS tu robo".

"La persona que hoy te hace feliz , no es el amor de tu vida, es simplemente quien le dio vida al amor que llevabas adentro"

"Hacer en esta vida lo que no te hace feliz, es ser un traidor a tu existencia"

"No permitas pararte frente a DIOS sin tener nada que contar, el estará feliz de escucharte"

"De los cobardes no se ha escrito nada, al menos que alguien quiera leer"

"El perro que entierra un hueso, nunca regresa por el, lo hace para olvidarlo y poder echarse a correr"

*"Nada ara mas feliz a DIOS ,
que verte a ti siendo feliz"*

"Las cosas mas importantes en la vida no tienen precio, y si lo tuvieran , no fueran tan importantes"

"Serle fiel a tu vida es esperar todo de ella"

"Si buscan la riqueza afuera de ustedes mismos, morirán muy pobres"

"Una ves mi abuelo me dijo: "Mijo algún día te darás de cuenta que las únicas cosas que se pueden comprar con dinero, son las que no tienen ningún valor"

"Cuando me preguntan algo mal intencionado yo respondo nada con mucha Fe"

*"No escribo cosas de otros
por un motivo muy fácil y es
porque otros no escriben
cosas mías"*

"Un genio con una barita mágica me pregunto muy seriamente:
_Si te pidiera que pidas un deseo cual seria...?
¡Que se te rompiera tu barita!

Un sabio me pregunto:
_Tienes salud...?
Si mucha..
_Tienes dinero..?
Si mucho.. _
Tienes amor..?
No se..
Te falta algo..?
Si Todo.

"Me preguntaron una ves que de que yo vivía y mi respuesta fue muy rápida: Vivo de la muerte....

"Una ves le pregunte a mi abuelo que cual era la diferencia entre una mujer bonita y una fea y su respuesta fue muy aceptada, me respondió : DOS TRAGOS MIJO, DOS TRAGOS"....

"Si borrara todos los errores de mi pasado, seria un estúpido, porque estaría borrando toda la sabiduría de mi presente"

*!!! Arriba las manos, esto es
un abrazo !!!*

*"Recuerden siempre esto:
El mejor no le importa si va
en primero o en ultimo
porque simplemente el
mejor no compite"*

*"No importa quien te quiere
o quien no, si te quieres tu
mismo es mas que
suficiente."*

"La vida no tiene camino para atrás, por lo tanto enfocarte en tu presente y futuro que es lo único verdadero"

"Ama con todas tus fuerzas a la persona que ahora esta a tu lado, porque fue DIOS quien la coloco en tu camino."

"Justo ahora en este momento y con la persona que te encuentres, debes saber que es el mejor, solo importa lo que sientes ahora, este es tu presente y será tu futuro".

"Valora a quien dedica te dedica su tiempo, te esta dando algo que nunca recuperara."

"Aquel que alardea de no haber fracasado nunca, es porque nunca a intentado nada."

'Alguien que te ama cree en ti, incluso cuando tu has dejado de creer en ti mismo."

"Nadie llega a tu vida por casualidad.
Todo encuentro es un proyecto divino."

*"Si eres débil trataras de
vengarte.
Si eres fuerte perdonaras.
Pero si eres
inteligente....entonces
reirás"*

"La felicidad no es la ausencia de los problemas, sino la habilidad de salir adelante con ellos".

"El que no sabe lo que busca nunca entiende lo que encuentra."

"Quien se burla de otra persona por un defecto físico, deja al descubierto sus defectos mentales".

"Cambia tus hojas pero nunca pierdas tus raíces".

"Cuando todos digan "no se puede" debes tomar una decisión, les crees o les demuestras que estaban totalmente equivocados".

"Todos vivimos bajo el mismo cielo, pero ninguno tiene el mismo horizonte".

"Hay que tener FE en uno mismo. Ahí esta el secreto. Aun cuando estaba en el peor de mis momento buscando que comer para vivir, incluso entonces, me consideraba el hombre con mas suerte del mundo.
"SIN LA ABSOLUTA CONFIANZA EN SI MISMO, UNO ESTA DESTINADO AL FRACASO"

"No es mas fuerte ni mas inteligente el que sobrevive, sino aquel que mas se adapta a los cambios"

"No le pidas a DIOS, que arregle tus problemas, mejor pídele que te de la SABIDURIA para resolverlos".

"Si el buen sexo asegurara a un hombre, entonces todas las putas estarían casadas".

"Muchos se burlan de la gente que trabajan recogiendo la basura... Yo pienso que la gente que recoge la basura es superior a quien la tira".

"Cuando realmente te importe un mierda lo que los demás piensen de ti, haz alcanzado un nivel impresionante de libertad".

"Al final importa un carajo si las cosas no salieron como queremos... Porque vale mas tener una cicatriz por valiente que una piel intacta por cobarde"

"Mientras mas se eleva un hombre mas pequeño les parece a los que no saben volar"

*"Nunca sabes quien te esta leyendo........
quien te esta viendo.......quien te esta odiando.....o quien te esta amando"*

"El Águila es carnívora mas sin embargo no come hormigas"

*"Si te rindes cuando
las cosas se pongan difíciles,
entonces no obtendrás nada
cuando estén fáciles"*

"Recordar que algún día te iras con 'DIOS'. Es la mejor manera que tendrás para evitar la trampa de que tienes algo que perder"

"El camino estará lleno de piedras, unas las puso la misma vida, otras personas que desean no llegues a ningún lugar, pero perderás tu tiempo si te enfrascas en quitarla, es mucho mejor que sigas tu camino, aprendiendo a caminar entre ellas"

"A veces se necesita una caída para que nos demos cuenta de lo alto que estamos"

"Todos tenemos nuestro poder, pero si juzgas a un pez por su habilidad al subir una escalera, el pez se sentirá un perdedor para toda su vida. 'DIOS' sabe lo que hizo con cada uno de nosotros"

"Un águila esta mas segura encerrada en una jaula al cuidado de los hombres, pero no fue para eso que fue creada.

Tu eres mas fuerte de lo que crees, solo abre tus alas y échate a volar"

"La FE es como el Wii—Fi , es invisible pero tiene el gran poder de conectarte con lo que necesitas"

"Las dos pruebas mas importantes en el camino espiritual son:
La primera: Paciencia para esperar lo que le pedimos a 'DIOS'.
La segunda: Humildad para no defraudarlo cundo nos llegue"

"DIOS también te amara cuando menos lo merezcas , porque el sabe que será cuando mas lo necesitaras"

*"Lo único que te será
totalmente imposible lograr
en la vida, es aquello que
jamás intentaste"*

*"Cuando des el primer paso
llamaras la atención de
DIOS".*

Frases del Espíritu

"Recuerda que lo que muchas veces parece ser un gran final, es simplemente un gran comienzo"

"Por eso nunca dejes de intentarlo"....

"Le pregunte a un piloto de avión cual era la manera mas fácil para despegar de la pista y me respondió rápidamente....Avanzando a toda velocidad contra el viento"

"Si tratas de gustarle a los demás siendo alguien que no eres, entonces nunca sabrás si eres tu quien les gusta"

Alain Pupo

*"Un gran amigo es
como la sangre, que acude a
la herida sin ser llamado"*

"En el mundo espiritual todo pasa por algo y estoy seguro que en este momento ese algo eres tu"

Alain Pupo

*"Si alguna ves te a
dolido el alma es que 'DIOS'
tal a agarrado muy fuerte
para que no te caigas"*

"Algunas veces 'DIOS' te quita algo que nunca pensaste perder, para entonces darte algo que jamás pensaste tener"

"Si buscan la riqueza afuera de ustedes mismos, morirán muy pobres"

*"Nadie a de llegar a donde
no tubo el valor de caminar"*

Alain Pupo

"DIOS hizo de mi un instrumento de su paz"

"El sol no discrimina, nos brinda sus rallos con la misma intensidad a todos"

"Para los valientes mis respeto, para los cobardes mi agradecimiento"

*"No seas parte del fracaso ,
mejor entrégate por
completo a la victoria"*

Alain Pupo

*"Sean libres como las aves ,
que luchan por llegar lejos,
sin preocuparse si dejan
huellas en el aire".*

"Nunca permitas que nadie te maltrate, tu tienes a DIOS viviendo adentro de ti"

"Construye espadas de tus azadones, lanzas de tus rastrillos; diga al débil fuerte soy".

"Tu no eres un accidente, tu eres un plan de DIOS"

"A la soledad mi mas sincero agradecimiento ya que por ella descubrí mi compañía"

Frases del Espíritu

"Nadie se acordara de ti si no te tuviste respeto"

Alain Pupo

"Ten mucho respeto por ti y se triplicara en los que te rodean"

"No sufran por lo que ya dolió, ni lloren la muerte de lo que nunca nació"

"Un día tras de otro te dejara saber que todo pasa por algo y si no ha de pasar, pues también fue por algo"

"Instruye al niño en su camino, y aun cuando seas viejo no se apartara de ti".

Alain Pupo

*"DIOS hizo de mi un
instrumento de su paz"*

*Cumpliendo contigo mismo ,
cumples con DIOS.*

Alain Pupo

"Apártese del mal y haga el bien; busque la paz y sígala".

"El odio despierta rencillas; pero el amor cubrirá todas las faltas".

*"Soy un filosofo porque
siempre lo fui, no lo invente
yo, 'DIOS' lo quiso así"*

"Te ame con todas mis fuerzas , pero el dejar de hacerlo me enseño lo fuerte que soy"

"Todos somos hijos del mismo padre, por lo tanto todos somos familia"

"No crean en las banderas ellas solo tratan de separarnos"

Alain Pupo

"Todos somos ciudadanos de este planeta llamado tierra, por lo tanto creerse diferentes es seguir una doctrina creada por los hombres"

"Si se han dado cuenta el sol , la lluvia , el viento , todos cumplen la misma tarea; para el roble mas alto que para la yerba mas pequeña".

"Hacer en esta vida lo que no te hace feliz, es ser un traidor a tu existencia"

*"No permitas
pararte frente a DIOS
sin tener nada que
contar, el estará feliz
de escucharte"*

Espero que este libro les allá iluminado el camino de la misma forma que cada una de sus frases me ensenaron algo en algún momento de mi vida, cuando tome la determinación de escribirlo fue con la única intención de que en el encontraran la misma ayuda que yo encontré en cada frase que hoy les dejo plasmada en esta obra.

Sin mas y
pidiéndole a
'DIOS' y a mi
'ABUELA' para
que me los
iluminen mucho a
todos.

*ALAIN
PUPO.*

Alain Pupo

Made in the USA
Charleston, SC
19 April 2016